LAVORARE DA CASA: I BUSINESS DEL FUTURO

GUIDA PRATICA AL LAVORO DIGITALE E ALLE RENDITE AUTOMATICHE ONLINE

Tom Vaughn

Titolo: Lavorare da casa: i business del futuro

Autore: Tom Vaughn

Prima edizione: ottobre 2025

Indice

Capitolo 6 – I principali modelli di business da casa

Capitolo 7 – Quanto serve per iniziare

Capitolo 8 – Costruire la propria presenza online

Capitolo 9 – Automatizzare, scalare, diversificare

Capitolo 10 – Il futuro del lavoro da casa

Conclusione – Dal sogno al piano d'azione

Introduzione

Perché questo libro

Prefazione

Quando si parla di "guadagnare da casa", molti pensano ancora a un sogno irraggiungibile, a una promessa da spot pubblicitario, o a qualcosa di riservato ai pochi fortunati che "ce l'hanno fatta". Ma la verità è che negli ultimi anni il mondo del lavoro è cambiato in modo così radicale che oggi non è più una fantasia: è una possibilità concreta, reale e alla portata di chiunque decida di investire su sé stesso. La pandemia del 2020 ha accelerato un processo che era già in corso. Lavorare da remoto, gestire clienti via internet, vendere prodotti o servizi digitali, costruire una presenza professionale online: tutto questo non è più "il futuro", è il presente. E chi non lo ha ancora capito rischia di restare fermo mentre gli altri avanzano. Questo libro nasce proprio da qui: dal desiderio di aiutarti a capire come funziona davvero l'economia digitale e come puoi entrarci in modo pratico, anche se parti da zero. Non troverai promesse irrealistiche, né formule magiche. Troverai un percorso ragionato, fatto di strategie, esempi e consapevolezza, che ti permetterà di capire qual è il business più adatto a te e come muovere i primi passi nel modo giusto. Lavorare da casa non significa "non lavorare": significa scegliere di usare il proprio tempo in modo più intelligente. Significa imparare a creare valore nel mondo digitale, offrendo qualcosa che altri desiderano o di cui hanno bisogno. E se sei disposto a investire in formazione, disciplina e costanza, puoi costruire una carriera più libera, più flessibile e — in molti casi — più redditizia di quella tradizionale. Non serve essere un genio dell'informatica, né avere capitali enormi. Serve la volontà di imparare, la curiosità di sperimentare e la capacità di restare coerente con i propri obiettivi. Ti mostrerò come ragionare da imprenditore, anche se oggi ti senti un dipendente, e come costruire passo dopo passo un progetto di guadagno da casa che rispecchi i

tuoi valori e le tue ambizioni.
Questo volume è il primo della collana "Business da Casa", una serie di guide pensate per accompagnarti nel mondo delle nuove professioni digitali. Nei libri successivi parleremo di business specifici — dal self publishing al trading, dal social media management all'affiliate marketing — ma qui troverai la base, il punto di partenza da cui cominciare tutto: la mentalità, le competenze, la visione e la strategia.
Leggi questo libro con calma, prenditi il tempo per riflettere e soprattutto prova a mettere in pratica ogni consiglio. Il cambiamento comincia quando decidi di passare dall'idea all'azione. E se sei arrivato fin qui, significa che il primo passo l'hai già fatto.

Introduzione – Il punto di partenza

Negli ultimi dieci anni il mondo del lavoro è stato travolto da una trasformazione silenziosa, ma irreversibile. Internet non è più un semplice strumento di comunicazione: è diventato il principale spazio economico globale. Ogni giorno miliardi di persone acquistano, vendono, apprendono, lavorano e si connettono online. Questa rivoluzione ha spostato il centro del potere economico dalle aziende alle persone. Oggi chiunque, con un computer e una buona idea, può creare un flusso di reddito indipendente, costruire un marchio personale e persino competere con realtà molto più grandi. Tuttavia, la libertà che questo mondo promette nasconde anche un rischio: la confusione. Le possibilità sono così tante — trading, dropshipping, consulenze, corsi online, scrittura, affiliazioni, YouTube, AI tools — che molti finiscono per non iniziare mai, paralizzati dal dubbio di scegliere quella sbagliata. Lo scopo di questo libro è aiutarti a orientarti in questo labirinto, separando ciò che funziona davvero da ciò che è solo illusione. Non esiste "il business perfetto", ma esiste *il business giusto per te*, quello che si adatta alla tua personalità, alle tue competenze e ai tuoi obiettivi. Capire quale sia è il primo passo.

Lavorare da casa significa imparare a creare valore in modo autonomo. Non sei più solo un esecutore: sei un imprenditore, anche se lavori da solo. Ciò comporta una responsabilità nuova — organizzare il tempo, imparare costantemente, gestire clienti, pianificare — ma anche un'enorme opportunità: quella di costruire una vita su misura per te, senza orari imposti, capi o uffici. Questo libro è diviso in dieci capitoli, ognuno pensato per farti compiere un passo in avanti concreto. Inizieremo capendo come funziona l'economia digitale e quali sono i settori più promettenti, poi parleremo di mentalità, competenze, strumenti, automatizzazione e futuro del lavoro. Alla fine avrai una visione chiara del panorama e saprai scegliere con cognizione di causa quale direzione prendere.

Tuttavia, prima di addentrarci nei dettagli tecnici, c'è un punto

fondamentale da chiarire: guadagnare da casa non è "facile". Richiede lo stesso impegno — se non di più — di un lavoro tradizionale. Ma è un impegno che costruisce libertà. Chi cerca scorciatoie, schemi "facili" o guadagni immediati, rimane sempre fermo al punto di partenza. Chi invece decide di investire tempo e disciplina, arriva lontano. La differenza la fa l'atteggiamento con cui si affronta il percorso.
Molti pensano che servano conoscenze tecniche elevate o investimenti enormi. In realtà, la maggior parte dei business digitali si fonda su competenze accessibili, che puoi imparare online, spesso gratuitamente. Quello che serve è la capacità di unire conoscenza e costanza: imparare una cosa, applicarla, migliorare, ripetere. È un ciclo virtuoso che chiunque può innescare.
L'obiettivo di questa collana non è solo insegnarti a "fare soldi", ma mostrarti come *costruire un sistema di vita sostenibile e flessibile*, dove il lavoro serve i tuoi sogni e non il contrario. Il futuro non appartiene a chi ha il lavoro più sicuro, ma a chi ha imparato ad adattarsi, reinventarsi e usare la tecnologia come alleata.
Se sei pronto a metterti in gioco, questo libro ti guiderà passo dopo passo. E se oggi ti sembra un traguardo lontano, ricorda: ogni persona che vedi vivere del proprio business da casa ha iniziato nello stesso modo in cui stai iniziando tu — leggendo, studiando e facendo il primo passo.

Capitolo 1 – Capire il mondo del lavoro digitale

1.1 – Lavoro remoto, freelance, autoimpiego: differenze fondamentali

Per capire come guadagnare da casa bisogna prima chiarire un concetto essenziale: non tutti i lavori online sono uguali. Esistono differenze profonde tra chi lavora da remoto come dipendente, chi opera come freelance e chi decide di creare un proprio business autonomo. La confusione nasce perché tutti, tecnicamente, "lavorano da casa", ma in realtà il modello mentale, i rischi e le prospettive di crescita cambiano completamente.

Il **lavoro da remoto** è la versione digitale del lavoro tradizionale. Hai un datore di lavoro, orari più o meno stabiliti e mansioni definite. La differenza è che invece di recarti in ufficio lavori via internet, comunicando con l'azienda attraverso piattaforme come Zoom, Slack o Google Workspace. È una forma comoda, stabile, ma con margini di libertà limitati: il tuo tempo è ancora "comprato" da qualcun altro. È l'opzione migliore per chi cerca sicurezza e reddito costante, ma difficilmente permette di scalare o creare rendite.

Il **freelance** è il passo successivo. Qui lavori per te stesso, ma vendendo competenze a clienti diversi. Puoi essere un copywriter, un grafico, un programmatore, un traduttore, un social media manager. La tua libertà aumenta, perché scegli i progetti e i compensi, ma aumenta anche la responsabilità: sei tu a dover trovare i clienti, organizzare il tempo, gestire tasse, contratti e scadenze. Il guadagno è proporzionale al valore che offri e alla tua capacità di comunicare quel valore.

Infine c'è l'**autoimpiego imprenditoriale**, cioè creare un vero e proprio business digitale. In questo caso non vendi solo tempo o competenze, ma costruisci sistemi che generano reddito anche quando non stai lavorando: un corso online, un blog monetizzato, un canale YouTube, un e-book, un negozio automatizzato. È la forma più difficile all'inizio, perché richiede strategia e visione, ma anche quella che nel lungo periodo offre la libertà più ampia. La maggior parte delle persone che iniziano nel mondo del guadagno da casa passa attraverso tutte e tre le fasi: prima dipendente remoto, poi freelance, infine imprenditore digitale. È un percorso naturale di evoluzione. Capire in quale punto ti trovi oggi è il primo passo per scegliere la direzione giusta.

1.2 – I pilastri dell'economia online: contenuto, competenza, intermediazione

L'economia digitale si basa su tre grandi pilastri: **contenuto**, **competenza** e **intermediazione**. Ogni business online, senza eccezione, nasce da almeno uno di questi.
Il **contenuto** è ciò che ha reso internet la più grande fonte di ricchezza del nostro tempo. Tutto ciò che consumiamo online — articoli, video, corsi, podcast, immagini, libri — è contenuto. Chi lo crea e sa distribuirlo in modo efficace può costruire imperi digitali. Il contenuto genera valore perché cattura l'attenzione, e l'attenzione è la nuova moneta del mondo moderno. Dai creator su YouTube agli autori indipendenti su Amazon, chi riesce a produrre contenuti di qualità e a fidelizzare un pubblico ha in mano un asset scalabile.
La **competenza**, invece, è la forma più diretta di valore. Se sai fare qualcosa che altri non sanno o non vogliono fare, puoi essere pagato per farlo. È il principio su cui si basa tutto il freelancing: scrivere, progettare, tradurre, gestire campagne pubblicitarie, programmare, fare consulenze. Internet ha reso possibile monetizzare qualunque competenza, a qualunque livello, da qualunque luogo. Non serve un titolo accademico: serve saper risolvere problemi reali.
Il terzo pilastro è l'**intermediazione**. In un'economia complessa come quella digitale, c'è sempre bisogno di qualcuno che colleghi domanda e offerta. Gli affiliati, i rivenditori online, i consulenti e persino i gestori di pagine social lavorano come intermediari di valore. Non creano prodotti, ma mettono in contatto chi li produce con chi li desidera, guadagnando una percentuale o una commissione.
Tutti i business online nascono dalla combinazione di questi tre elementi. Alcuni si basano quasi solo sul contenuto (come YouTube o il self publishing), altri sulla competenza (come i servizi freelance), altri ancora sull'intermediazione (come l'affiliate marketing). I più solidi, nel tempo, riescono a unire i tre

pilastri: offrire competenze attraverso contenuti, e monetizzare tramite intermediazioni automatizzate. Quando un sistema raggiunge questo equilibrio, nasce una vera rendita digitale.

1.3 – I miti da sfatare: non serve diventare influencer, serve diventare utile

Ogni volta che si parla di guadagni online, il primo ostacolo è la disinformazione. Internet è pieno di promesse irreali: "guadagna mille euro al giorno in automatico", "vivi di rendita con un click", "fai milioni con il dropshipping". Questi slogan attirano perché vendono sogni, ma la realtà è diversa. Guadagnare da casa è possibile, ma richiede impegno, studio e un approccio professionale. Non serve diventare un influencer con milioni di follower, serve diventare **utile**.

Il concetto di "utilità" è la vera base di ogni business digitale. Se offri qualcosa che semplifica la vita delle persone, risolve un problema o fa risparmiare tempo o denaro, troverai sempre qualcuno disposto a pagare. L'influenza è solo una conseguenza del valore reale, non la causa.

Uno dei miti più pericolosi è credere che servano grandi numeri per guadagnare. In realtà, bastano **pochi clienti o lettori fedeli** per costruire una carriera solida. Un freelance con dieci clienti abituali vive meglio di un influencer con centomila follower distratti. Allo stesso modo, un autore che vende mille copie l'anno di un e-book può generare entrate costanti senza apparire mai in pubblico.

Altro mito diffuso: "è tutto già saturo". In realtà, il digitale non è mai saturo, si evolve. Ogni volta che un mercato si affolla, ne nascono altri due nuovi. L'importante è capire come si muove la domanda e quali strumenti emergono. Pensa all'intelligenza artificiale: molti la temono, ma in realtà ha aperto un intero nuovo mondo di micro-servizi e opportunità di automazione.

Infine, il mito più grande: "non sono portato per queste cose". Nessuno nasce esperto. Tutti coloro che oggi lavorano online hanno iniziato senza sapere quasi nulla. Hanno imparato passo dopo passo, spesso sbagliando. La differenza non è nel talento, ma nella perseveranza. Chi impara costantemente e resta coerente con la propria visione, finisce per superare chi parte più avvantaggiato ma si ferma dopo i primi fallimenti.

Il lavoro digitale non premia chi è più fortunato, ma chi è più **utile, coerente e costante**. E chi comprende questa verità capisce anche il segreto di ogni business da casa: non serve cambiare il mondo, basta migliorare qualcosa per qualcuno. Il resto, col tempo, arriva da sé.

Capitolo 2 – Mindset da imprenditore domestico

2.1 – Disciplina, costanza e autonomia: le vere chiavi del successo

La maggior parte delle persone che desiderano guadagnare da casa fallisce non perché manchi loro la competenza, ma perché non riescono a mantenere la costanza. Lavorare da casa significa libertà, ma la libertà è un'arma a doppio taglio. Senza qualcuno che ti controlla, senza orari obbligati e senza routine imposte, il rischio di disperdere energie e concentrazione è altissimo. La disciplina non è un talento, è una scelta quotidiana. Si costruisce stabilendo piccole abitudini e rispettandole ogni giorno. Anche solo dedicare un'ora al giorno al proprio progetto, con regolarità assoluta, è più efficace che lavorare dieci ore una volta ogni tanto. La costanza trasforma l'impegno in risultati, e i risultati alimentano la motivazione.

Essere autonomi non significa fare tutto da soli, ma saper gestire se stessi come un'impresa. Significa capire quando è il momento di studiare, quando di agire e quando di riposare. Significa sapersi organizzare senza che nessuno ti dica cosa fare. Chi riesce a sviluppare questa mentalità scopre un potere incredibile: non ha più bisogno di "spinte esterne" per progredire, perché ha costruito un motore interno. Un buon modo per iniziare è creare una routine mattutina chiara: svegliarsi sempre alla stessa ora, dedicare i primi minuti a un'attività che mette in moto corpo e mente (una passeggiata, un po' di stretching, leggere qualcosa di ispirante) e poi sedersi al lavoro. L'obiettivo non è "fare tanto", ma "fare con continuità".

Dopo qualche settimana, la disciplina smette di essere uno sforzo e diventa un'abitudine naturale. Un'altra chiave è imparare a lavorare anche quando non hai voglia. I professionisti non aspettano l'ispirazione: creano le condizioni per farla nascere.

Lavorare da casa amplifica le distrazioni, e la capacità di restare concentrati diventa una delle competenze più importanti. Spegni le notifiche, stabilisci orari precisi, usa un'agenda o un'app per segnare i progressi. Tratta il tuo progetto con la stessa serietà con cui tratteresti un impiego tradizionale, e vedrai che i risultati arriveranno.

2.2 – La psicologia del guadagno: pensare come chi crea valore

Molti parlano di “fare soldi online”, ma pochi capiscono che il denaro è solo una conseguenza del valore creato. Il vero punto di partenza non è chiedersi *“come posso guadagnare?”*, ma *“come posso aiutare, semplificare, insegnare o migliorare la vita di qualcuno?”*. Ogni euro guadagnato online corrisponde a un valore percepito da un’altra persona.

Il modo in cui pensi al denaro determina il tuo comportamento. Chi vede il guadagno come qualcosa di “sporco” o “casuale” tenderà a sabotarsi; chi lo vede come un effetto naturale della propria utilità costruirà un rapporto sano e produttivo con esso. Gli imprenditori digitali di successo non si concentrano sul vendere, ma sull’offrire valore in modo scalabile. Pensare come un creatore di valore significa anche accettare che l’apprendimento non finisce mai. Il mondo online cambia ogni mese, e chi smette di aggiornarsi resta indietro. Per questo, la mentalità del guadagno digitale è quella del “principiante permanente”: sempre curioso, sempre pronto a imparare un nuovo strumento o a testare una nuova strategia. Un altro aspetto fondamentale è imparare a fallire velocemente. Nel lavoro tradizionale, l’errore è punito; nel business digitale, l’errore è la forma più rapida di apprendimento. Ogni tentativo che non funziona ti avvicina a quello che funzionerà. Chi ha paura di fallire resta bloccato; chi vede l’errore come parte del gioco avanza più in fretta. Infine, c’è la questione della **mentalità del lungo termine**. I guadagni online non arrivano subito: richiedono tempo per costruire una reputazione, affinare le competenze e creare sistemi che funzionano da soli. Molti mollano prima di arrivare a quel punto, convinti che “non funzioni”. Ma la verità è che si sono fermati un passo prima del risultato. Il segreto è perseverare abbastanza a lungo da permettere al valore di manifestarsi.

2.3 – Gestione del tempo, routine e produttività lavorando da casa

Il tempo è la risorsa più preziosa di chi lavora da casa, eppure è anche la più facile da sprecare. Quando non c'è un capo che controlla gli orari, è facile rimandare, interrompersi, confondere le priorità. Per questo serve una struttura chiara.
Il primo passo è **organizzare il proprio spazio**. Anche se vivi in un monolocale, devi ritagliarti un angolo fisso dedicato al lavoro. Non serve sia grande, serve che sia "sacro": uno spazio in cui la mente associa automaticamente concentrazione e produttività.
Il secondo passo è pianificare la giornata. Inizia stabilendo tre obiettivi concreti ogni mattina: uno principale (la priorità assoluta), uno secondario (importante ma non urgente) e uno di mantenimento (routine o comunicazione). Evita liste infinite: troppe cose da fare creano solo stress e paralisi.
Un metodo molto efficace è la **tecnica del pomodoro**, che consiste nel lavorare in blocchi da 25 minuti seguiti da 5 di pausa, e dopo quattro blocchi fare una pausa lunga. Ti aiuta a mantenere il focus e a evitare la distrazione cronica da notifiche.
Un altro strumento utile è dividere le attività in tre categorie:

- *Produzione* (quello che genera direttamente valore o denaro: scrivere, creare, vendere);
- *Manutenzione* (quello che sostiene il sistema: rispondere a mail, aggiornare, organizzare);
- *Apprendimento* (quello che aumenta la tua competenza: corsi, letture, studio).
  Ogni settimana dovresti avere un equilibrio tra questi tre blocchi. Se dedichi troppo tempo alla manutenzione, resterai fermo. Se studi troppo e produci poco, non vedrai risultati. Se produci senza imparare, ti brucerai.
  Infine, impara a **proteggere la tua energia mentale**. Spegni le distrazioni, definisci orari precisi, e soprattutto impara a dire di no. Chi lavora da casa deve difendere il

proprio tempo come un bene prezioso, perché è l'unico strumento con cui costruisce libertà. Ogni ora ben usata è un mattone nel tuo progetto di indipendenza. E ogni giorno in cui mantieni la concentrazione, anche se i risultati non si vedono subito, è un passo avanti verso la vita che vuoi davvero.

Capitolo 3 – Le categorie dei business da casa

3.1 – Business digitali puri (prodotti e contenuti)

I business digitali puri sono quelli che vivono interamente online. Non richiedono un negozio fisico, né contatto diretto con clienti o prodotti materiali. Sono basati sulla creazione, distribuzione o vendita di contenuti, informazioni o software. È il mondo dei libri digitali, dei corsi online, dei video, dei podcast, dei blog, delle app e dei prodotti scaricabili. È anche la categoria che offre, oggi, il maggior potenziale di libertà e scalabilità.
La logica è semplice: crei qualcosa una volta, e puoi venderlo infinite volte. Un libro autopubblicato su Amazon può generare vendite per anni senza che tu debba riscriverlo. Un corso registrato può essere acquistato da studenti di tutto il mondo anche mentre dormi. È il concetto di *rendita digitale*: trasformare il lavoro iniziale in un flusso costante di entrate.
Tra i business digitali più solidi troviamo il **self publishing**, la **creazione di corsi** e l'**affiliate marketing basato sui contenuti**. Tutti e tre si fondano sullo stesso principio: fornire valore attraverso informazioni organizzate. Per questo, la chiave è imparare a comunicare bene. Scrivere in modo chiaro, parlare con autenticità, spiegare in modo semplice: sono abilità più importanti della tecnica.

Un'altra forma interessante di business digitale puro è la **creazione di strumenti o risorse**: modelli per Notion o Canva, plugin, app, guide PDF, preset per foto o video. Si tratta di prodotti a basso costo ma ad altissimo volume di vendita. In questo campo, la creatività conta più del capitale.

Il vantaggio dei business digitali puri è che si possono gestire ovunque, con costi minimi e tempi flessibili. Lo svantaggio è la concorrenza: devi differenziarti. Ma la buona notizia è che l'autenticità, oggi, è la migliore arma di marketing. Se riesci a trasmettere fiducia e competenza, anche un piccolo progetto può trasformarsi in una fonte stabile di reddito.

3.2 – Business di intermediazione e servizi online

Non tutti vogliono o possono creare contenuti. Molti preferiscono lavorare offrendo **servizi** o **intermediazioni**. È una strada altrettanto valida, spesso più rapida per generare entrate, perché si basa su competenze già esistenti e su una domanda costante: quella delle aziende che hanno bisogno di professionisti da remoto. I **servizi online** comprendono tutte le attività in cui offri il tuo tempo e la tua esperienza a distanza: copywriting, traduzioni, social media management, grafica, programmazione, consulenze di marketing, gestione di campagne pubblicitarie, montaggio video, correzione di testi, assistenza virtuale, customer care, e decine di altre. Il grande vantaggio è che puoi iniziare subito, anche da zero, imparando una sola competenza specifica e proponendola a piccole aziende o professionisti.

I **business di intermediazione**, invece, funzionano come ponti tra chi ha un prodotto e chi lo desidera. Il caso più noto è l'**affiliate marketing**, ma esistono anche modelli più "ibridi", come la gestione di marketplace o la rivendita online. In pratica, guadagni aiutando altri a vendere. È un sistema antico quanto il commercio, ma oggi potenziato dalla tecnologia: puoi gestire cataloghi virtuali, link di affiliazione, campagne sponsorizzate o network di partner senza mai toccare fisicamente un prodotto. Un altro esempio di intermediazione moderna è la **creazione di agenzie digitali**. Molti freelance, dopo un po' di esperienza, decidono di scalare: invece di lavorare solo in prima persona, iniziano a coordinare altri professionisti e a offrire servizi più completi. Così si passa dal lavoro autonomo al vero business. Il limite principale dei servizi è che, almeno all'inizio, il tempo resta la tua risorsa principale. Se non lavori, non guadagni. Ma con il tempo, puoi trasformare il servizio in sistema: creare pacchetti, automatizzare parte del lavoro, assumere collaboratori. Il segreto è pensare in ottica imprenditoriale fin da subito, anche se oggi sei da solo con un computer e una connessione.

3.3 – Business misti e ibridi (dal fisico al digitale)

Esiste poi una terza categoria, quella dei **business misti**, in cui il mondo fisico e quello digitale si incontrano. È una frontiera sempre più diffusa, perché molte attività tradizionali si stanno spostando online per ampliare i clienti o ridurre i costi.
Il caso più evidente è l'**e-commerce**: vendere prodotti fisici attraverso piattaforme come Shopify, Etsy o Amazon. Non serve possedere un magazzino: modelli come il **dropshipping** permettono di vendere articoli gestiti da fornitori esterni. Il tuo compito è curare il marketing, la comunicazione e la gestione ordini. È un modello con margini variabili, ma ottimo per chi ha spirito commerciale e voglia di imparare le logiche pubblicitarie digitali.
Un altro esempio è la **gestione di affitti brevi**, resa possibile da piattaforme come Airbnb. Anche se riguarda immobili fisici, si gestisce ormai in modo quasi interamente digitale: automatizzazione delle prenotazioni, check-in online, comunicazioni da remoto, e in alcuni casi delega totale a società di property management. È un perfetto esempio di business "ibrido", in cui la tecnologia moltiplica l'efficienza di un'attività reale.
Altri modelli misti includono la **vendita di prodotti artigianali o personalizzati**, come stampe, gioielli, candele, abbigliamento o arredamento. Grazie a servizi come Printify e Printful puoi creare articoli su richiesta e spedirli senza mai toccare il prodotto. In questo caso, l'aspetto creativo è centrale: il successo dipende dall'originalità del design e dalla capacità di raccontare una storia dietro ogni articolo.

Infine, ci sono i **business locali digitalizzati**: piccoli negozi, professionisti o artigiani che usano internet per vendere, ricevere prenotazioni o gestire clienti. È un campo in forte crescita, dove chi offre consulenze per la digitalizzazione (creazione siti, gestione social, pubblicità locale) trova opportunità continue.
I business misti sono un ponte tra vecchio e nuovo mondo.

Permettono a chi ha esperienza pratica di valorizzarla attraverso il digitale, e a chi nasce online di sperimentare un contatto più concreto con la realtà. Sono perfetti per chi vuole libertà, ma senza rinunciare a un'attività "tangibile".

In definitiva, le tre categorie — digitali, di servizi e miste — rappresentano l'intero ecosistema del lavoro da casa. Ogni business che vedrai nei prossimi capitoli si inserisce in una di queste, o in una loro combinazione. Capire quale categoria ti attrae di più ti aiuterà a scegliere il tuo percorso con maggiore consapevolezza. Non esiste un modello migliore in assoluto: esiste quello più giusto per te, per il tuo stile di vita e per la tua idea di libertà.

Capitolo 4 – Guadagni attivi e passivi

4.1 – Differenze e falsi miti tra reddito attivo e reddito passivo

Poche espressioni sono state abusate come “reddito passivo”. In teoria, significa guadagnare anche mentre dormi. Nella pratica, è il risultato di un lungo lavoro iniziale, di strategie solide e di sistemi che continuano a funzionare nel tempo. Non è un sogno, ma nemmeno una magia.

Il **reddito attivo** è quello che dipende direttamente dal tuo tempo. Ogni volta che scrivi un testo, gestisci un cliente, insegni una lezione o svolgi una consulenza, stai generando reddito attivo. È immediato, prevedibile e concreto, ma ha un limite: se ti fermi, il flusso di denaro si interrompe.

Il **reddito passivo**, invece, è quello che continua a generarsi dopo che hai fatto il lavoro iniziale. È il caso dei libri, dei corsi online, delle affiliazioni, delle app o dei video che continuano a essere acquistati o visualizzati nel tempo. In altre parole, crei un sistema che lavora per te. Il mito nasce quando si crede che il reddito passivo sia “facile”. In realtà, è semplicemente **differito**: lavori tanto all’inizio per raccogliere dopo. Scrivere un libro o costruire un corso può richiedere mesi di impegno, ma una volta pubblicato, può generare vendite per anni.

La chiave è capire che il reddito passivo è la **ricompensa della pazienza**. Chi cerca guadagni immediati resta intrappolato nel lavoro attivo per sempre. Chi costruisce qualcosa di scalabile e sostenibile, nel tempo, si libera.
Nessuno dei due modelli è “migliore”: vanno combinati. Il reddito attivo serve per partire e generare liquidità, quello passivo per costruire stabilità. I professionisti di successo imparano a usarli entrambi in equilibrio. Il freelance che pubblica un corso, l’autore che offre consulenze, l’insegnante che crea un e-book: tutti

costruiscono ponti tra i due mondi. Pensare in termini di *sistema* è il segreto: ogni attività dovrebbe avere una parte che genera guadagno immediato e una parte che accumula valore nel tempo. È così che si passa da lavorare per vivere a vivere del proprio lavoro.

4.2 – Le vere rendite digitali (royalties, affiliazioni, automazioni)

Le rendite digitali non nascono dal nulla: si costruiscono. Sono il risultato di un processo ben preciso che unisce creatività, strategia e automazione. I tre pilastri principali sono **royalties**, **affiliazioni** e **sistemi automatizzati**.

Le **royalties** sono le più classiche: si ricevono per aver creato un'opera che continua a generare vendite. È il caso degli autori che pubblicano libri, dei musicisti su Spotify, dei fotografi su stock digitali o dei formatori con corsi online. Ogni vendita successiva è una piccola rendita che deriva da un lavoro già fatto. Le royalties richiedono un impegno iniziale alto, ma possono diventare una fonte di reddito costante per anni. Le **affiliazioni** funzionano in modo diverso: promuovi un prodotto o un servizio di altri e ricevi una commissione per ogni vendita generata tramite il tuo link. È un modello potente perché non richiede di creare nulla: devi solo saper comunicare, recensire e generare fiducia. I migliori affiliati non "spingono" prodotti, ma offrono soluzioni sincere ai problemi del pubblico. L'affiliate marketing può diventare passivo quando automatizzi la distribuzione: articoli, video, newsletter e social post che continuano a lavorare da soli.
Il terzo pilastro sono le **automazioni**. L'automazione è ciò che trasforma un lavoro da intensivo a scalabile. Email che si inviano da sole, chatbot che rispondono ai clienti, funnel di vendita che accompagnano l'utente dal primo contatto all'acquisto senza intervento umano. Costruire queste strutture richiede tempo e competenza, ma una volta impostate possono moltiplicare i risultati senza moltiplicare il lavoro.

Il punto cruciale è questo: nessuna rendita digitale è completamente passiva. Tutte richiedono manutenzione, aggiornamenti, attenzione. Ma rispetto a un lavoro tradizionale, il rapporto tempo/guadagno cambia radicalmente. Mentre un dipendente viene pagato solo quando lavora, un creatore digitale viene pagato anche quando dorme, viaggia o si dedica a nuovi progetti. È la logica del *moltiplicatore del tempo*: una volta costruito il sistema, il tempo smette di essere il limite principale.

4.3 – Come costruire una strategia mista nel tempo

L'errore più comune di chi inizia è voler creare subito un reddito passivo senza prima costruire una base attiva. È come voler piantare un albero e raccogliere i frutti il giorno dopo. Il modo più intelligente di avvicinarsi al guadagno da casa è **cominciare con un reddito attivo** (servizi, freelance, consulenze) per finanziare la costruzione di **asset passivi** (libri, corsi, sistemi automatizzati). All'inizio hai bisogno di liquidità, esperienza e feedback. Il reddito attivo ti offre tutto questo. Ti permette di capire i bisogni reali delle persone, migliorare le tue competenze e raccogliere fondi per investire. Poi, quando hai stabilità e conoscenza, puoi convertire parte del tuo tempo nella creazione di qualcosa che generi valore nel tempo.

Un esempio pratico: un grafico freelance può iniziare offrendo servizi personalizzati. Dopo qualche mese, può creare pacchetti di template digitali da vendere online. Le entrate dei primi lavori finanziano la produzione dei secondi. Nel tempo, le vendite dei prodotti compensano le ore di lavoro ridotte.
Il principio vale per ogni settore. Un consulente può registrare corsi, un traduttore può pubblicare guide, un insegnante può creare un canale YouTube. L'importante è non restare intrappolato nel guadagno immediato: una parte delle tue energie deve sempre essere investita nella costruzione del futuro.
Una buona strategia mista si basa su tre fasi:

1. **Costruisci la competenza e genera reddito attivo.** Offri servizi, lavora con clienti, migliora ogni settimana.
2. **Crea un sistema scalabile.** Trasforma la tua conoscenza in un prodotto, automatizza i processi ripetibili, costruisci un piccolo ecosistema di valore.
3. **Diversifica e mantieni.** Quando le prime entrate passive iniziano ad arrivare, usa parte del tempo per esplorare nuovi canali, aggiornare i vecchi e mantenere vivo il sistema.

Alla fine, il tuo obiettivo non sarà più "guadagnare da casa", ma *far lavorare la tua casa per te*. Quando arrivi a quel punto, hai costruito non solo un business, ma una vera forma di libertà.

Capitolo 5 – Le competenze che fanno guadagnare

5.1 – Le 10 skill più richieste online nel 2025

Il mondo del lavoro digitale cambia rapidamente, ma alcune competenze restano costanti. Sono le abilità "madri", quelle che permettono di generare valore indipendentemente dalla piattaforma o dal trend del momento. Se vuoi lavorare da casa, il tuo primo investimento deve essere nella formazione: imparare a padroneggiare almeno una di queste competenze ti mette subito in vantaggio.

1. **Scrittura e comunicazione digitale.** Che tu venda prodotti, servizi o idee, dovrai saper scrivere. Non solo in modo corretto, ma persuasivo, empatico, chiaro. Il copywriting è la spina dorsale del marketing online: email, descrizioni, post, articoli, landing page. Chi sa comunicare bene può vendere qualunque cosa.
2. **Gestione dei social media.** Le aziende, grandi e piccole, hanno bisogno di professionisti che creino contenuti, rispondano ai clienti e gestiscano la presenza online. È una delle competenze più richieste, e si può imparare in pochi mesi.
3. **Video editing e creazione di contenuti multimediali.** I video dominano internet. Imparare a montare, ottimizzare e pubblicare video è una skill che apre decine di porte, dai canali YouTube alle campagne pubblicitarie.
4. **Design e branding visivo.** Saper creare loghi, grafiche, impaginazioni o semplicemente presentazioni di qualità è una competenza preziosa. Strumenti come Canva o Figma rendono il design accessibile a tutti, ma serve comunque buon gusto e attenzione ai dettagli.
5. **Marketing digitale e gestione delle campagne.** Capire come funziona la pubblicità online — Google Ads, Meta, TikTok, YouTube — è una delle abilità più redditizie. Chi

sa far ottenere risultati misurabili a un'azienda diventa indispensabile.

6. **SEO e posizionamento organico.** Nonostante l'evoluzione dell'intelligenza artificiale, i motori di ricerca restano fondamentali. Chi sa posizionare siti, articoli o video in alto nei risultati può generare traffico costante e gratuito.
7. **Vendita e negoziazione.** Anche nel digitale, tutto ruota intorno alla vendita. Imparare a comprendere le persone, ascoltarle e proporre soluzioni è una competenza che vale oro.
8. **Gestione di progetti e produttività.** Saper coordinare persone, scadenze e risorse è essenziale per chi lavora in team da remoto. Le aziende cercano project manager capaci di mantenere ordine e ritmo anche a distanza.
9. **Automazioni e strumenti AI.** Sapere come integrare l'intelligenza artificiale nei processi di lavoro è la nuova frontiera. Chi impara a usare strumenti come ChatGPT, Midjourney, Notion o Zapier per automatizzare compiti ripetitivi diventa estremamente competitivo.
10. **Lingue e traduzioni.** Il digitale è globale. Conoscere più lingue o saper localizzare contenuti apre mercati immensi: basta una competenza linguistica per collaborare con clienti in ogni parte del mondo.

Non serve dominarle tutte. Basta sceglierne una o due e diventare bravo, molto bravo, in quelle. Il mercato digitale non premia la quantità di conoscenze, ma la capacità di applicarne poche in modo eccellente.

5.2 – Come impararle da zero (anche gratis)

Uno dei vantaggi del mondo digitale è che la formazione non è più un privilegio. Oggi puoi imparare quasi qualsiasi cosa online, gratuitamente o a costi minimi, se hai metodo e disciplina. Il segreto è **imparare con obiettivo**, non per accumulare informazioni.
YouTube, Coursera, Udemy, Skillshare, LinkedIn Learning, persino TikTok: ogni piattaforma è piena di contenuti formativi. Ma senza una direzione chiara si rischia di perdersi. Prima di iniziare un corso, chiediti sempre: *"Cosa voglio saper fare concretamente tra un mese?"*

Il modo più efficace per imparare è alternare **studio e pratica immediata**. Guarda una lezione, poi mettila in pratica il giorno stesso. Anche se sbagli, l'esperienza diretta fissa le informazioni molto più a fondo.

Un'altra strategia è **creare un piccolo progetto personale**. Se impari grafica, prova a realizzare il logo di un brand immaginario. Se impari a scrivere, apri un blog. Se studi SEO, posiziona una tua pagina su Google. Ogni progetto, anche se piccolo, diventa una prova di competenza e una futura voce nel portfolio.
Molti sottovalutano il potere delle **community online**. Entrare in gruppi tematici su Facebook, Discord o Reddit ti mette in contatto con persone che stanno imparando come te. Condividere esperienze accelera la crescita, e spesso nascono collaborazioni inaspettate.
Infine, non avere paura di imparare dai concorrenti. Studia chi fa già ciò che vorresti fare. Analizza i loro siti, le strategie, i prezzi, il tono di voce. Il successo lascia tracce, e seguirle è un modo intelligente per accorciare i tempi.

Imparare da zero nel 2025 non significa tornare sui banchi di scuola: significa aprire un browser, scegliere una direzione e mettersi in gioco. La differenza tra chi riesce e chi resta fermo non è l'intelligenza, ma la continuità. Ogni giorno di studio è un investimento sul tuo futuro.

5.3 – Specializzarsi per distinguersi: il segreto del freelance vincente

All'inizio, la tentazione è voler fare di tutto. Ma nel digitale, la vera forza è la **specializzazione**. Essere "un po' bravo in tutto" non basta più. Il mercato cerca esperti, non generalisti. E la buona notizia è che anche una nicchia minuscola può rendere molto, se sai dominarla.

Pensa a un copywriter generico: ce ne sono migliaia. Ma un copywriter specializzato in email marketing per palestre, o in testi per corsi di crescita personale, può chiedere tariffe tre volte superiori. Lo stesso vale per ogni professione: traduttori specializzati in manuali tecnici, designer esperti di brand femminili, social media manager per ristoranti o medici. La specializzazione ti permette di diventare *il punto di riferimento* per un tipo specifico di cliente. E quando sei percepito come "la persona giusta" per un problema preciso, non devi più competere sul prezzo.

Come capire in cosa specializzarsi? Parti da ciò che ti piace o da ciò che già conosci. Se hai lavorato in un settore, sfrutta quell'esperienza per posizionarti in modo unico. Oppure osserva dove c'è domanda costante ma poca offerta di qualità. Un altro modo è combinare competenze. Ad esempio, un grafico che conosce il copywriting diventa prezioso per chi vuole campagne complete. Un traduttore che sa fare SEO diventa insostituibile per chi vuole siti multilingue. Le combinazioni creative sono la vera frontiera del guadagno online. Specializzarsi non significa chiudersi. Significa *iniziare stretti per poi espandersi*. Una volta che hai costruito autorità in una nicchia, puoi allargarti con nuovi servizi o progetti. Tutti i grandi imprenditori digitali hanno iniziato così: dominando un piccolo campo e poi scalando. Il segreto è questo: non cercare di piacere a tutti. Cerca di essere indispensabile per pochi. Da lì nasce la reputazione, la sicurezza economica e la libertà professionale.

Capitolo 6 – I principali modelli di business da casa

6.1 – Creazione di contenuti e prodotti digitali

La creazione di contenuti è il cuore dell'economia moderna. Ogni volta che leggi un articolo, guardi un video o ascolti un podcast, stai partecipando a un business basato sull'attenzione. E chi sa catturare attenzione nel modo giusto può trasformarla in reddito. Il contenuto, infatti, è il tramite attraverso cui comunichi valore, costruisci fiducia e vendi senza sembrare un venditore.
Il modello di business più classico è il **self publishing**: scrivere e pubblicare libri digitali o cartacei in autonomia. Piattaforme come Amazon KDP hanno democratizzato l'editoria, permettendo a chiunque di guadagnare royalties da ciò che scrive. Non serve essere romanzieri: manuali, guide, raccolte di idee, libri brevi e pratici funzionano benissimo. Accanto ai libri ci sono i **corsi online**. Chi ha competenze specifiche può registrare lezioni video e venderle su piattaforme come Udemy, Skillshare o Teachable. Il vantaggio è che il corso lavora per te anche dopo la pubblicazione: ogni studente che acquista genera un guadagno automatico.
Un'altra forma di business digitale è la **creazione di template, strumenti o risorse** scaricabili. Dal foglio Excel per gestire il budget alle grafiche per Canva, dalle checklist ai modelli di curriculum, qualsiasi materiale utile può essere venduto. I marketplace come Gumroad o Etsy permettono di gestire tutto con facilità.

Poi c'è il mondo della **creazione di contenuti gratuiti** — blog, canali YouTube, newsletter — che monetizzano indirettamente tramite pubblicità, sponsorizzazioni o affiliazioni. È un modello più lento, ma che costruisce una comunità solida nel tempo.
La chiave di tutti questi business è una sola: la **coerenza**. Creare contenuti di valore, in modo costante, è ciò che costruisce fiducia. E la fiducia, nel digitale, è l'anticamera del guadagno. Ogni post, video o pagina ben fatta è un piccolo asset che lavora per te. Il

successo non arriva con un solo contenuto virale, ma con cento contenuti buoni pubblicati nel tempo.

6.2 – Servizi e consulenze online

Non tutti vogliono diventare creatori. Molti preferiscono lavorare direttamente con persone o aziende, offrendo servizi che risolvono problemi concreti. È il modello più immediato per guadagnare da casa, perché richiede solo competenze e connessione.
Il **freelancing** è il punto di partenza più comune. Puoi offrire i tuoi servizi su piattaforme come Fiverr, Upwork o Freelancer, o creare un tuo sito per attirare clienti diretti. Le opportunità sono infinite: scrittura, grafica, traduzione, montaggio video, programmazione, assistenza virtuale, gestione di social network, e molto altro.
Il vantaggio del freelancing è che puoi iniziare senza capitali. Ti serve solo un portfolio, anche piccolo, e la capacità di comunicare bene ciò che sai fare. Col tempo, potrai alzare le tariffe, specializzarti e costruire una rete stabile di clienti.
Un'evoluzione naturale del freelance è la **consulenza online**. Se hai competenze tecniche, gestionali o professionali, puoi offrirle direttamente come servizio di analisi e guida. Dal coach motivazionale al consulente di marketing, dall'esperto di finanza personale al personal trainer, tutto può essere fatto da remoto.
La consulenza si basa sulla fiducia e sull'autorevolezza. Per costruirla, devi comunicare costanza, trasparenza e risultati reali. Le recensioni e le testimonianze valgono più di qualsiasi pubblicità.

Con il tempo, chi lavora bene come consulente può creare **programmi scalabili**, come corsi o percorsi automatizzati, unendo reddito attivo e passivo. È la naturale evoluzione del professionista digitale: prima lavori uno a uno, poi impari a lavorare "uno a molti".

Il limite del lavoro a servizio è che il tempo resta la tua moneta principale. Ma con una buona gestione — e un minimo di automazione — puoi trasformarlo in una carriera libera, senza dipendere da un capo o da un ufficio.

6.3 – E-commerce, dropshipping e marketplace

L'e-commerce è uno dei modelli più solidi e conosciuti. Vendere prodotti fisici online non è più un privilegio delle grandi aziende: oggi chiunque può aprire un negozio virtuale in poche ore. Tuttavia, è importante capire che dietro un business di vendita ci sono logiche precise, e non basta "aprire uno shop".
Ci sono tre strade principali. La prima è il **dropshipping**, in cui vendi prodotti di fornitori terzi senza possederli fisicamente. Quando un cliente acquista, l'ordine viene inviato automaticamente al fornitore, che si occupa di spedire. Il vantaggio è che non devi gestire magazzino o spedizioni; lo svantaggio è la concorrenza e i margini spesso più bassi.
La seconda è l'**Amazon FBA (Fulfillment by Amazon)**: compri o produci articoli e li invii ai magazzini Amazon, che si occupa di tutto il resto. È un modello più impegnativo, ma anche più stabile, perché ti permette di costruire un vero brand.
La terza è la **vendita diretta tramite Shopify o Etsy**, ideale per artigiani o creativi. In questo caso hai controllo totale su prezzi, brand e comunicazione, ma devi gestire anche marketing e assistenza clienti.
Un'alternativa più leggera è il **print on demand**: crei design personalizzati (magliette, tazze, poster, gadget) e una piattaforma li stampa e spedisce solo quando qualcuno li acquista. È perfetto per chi vuole testare idee senza rischi.
Tutti questi modelli richiedono capacità di marketing e pazienza. Il segreto non è il prodotto in sé, ma la **storia** che racconti e il pubblico che riesci a costruire attorno ad esso. Nel digitale, le persone non comprano solo oggetti, ma emozioni, identità, appartenenza.
L'e-commerce è un ottimo modo per passare dal mondo digitale a quello fisico senza mai uscire di casa. Puoi vendere ovunque, automatizzare le operazioni e scalare progressivamente. Ma come in ogni business, la differenza tra successo e fallimento sta nella strategia: partire piccolo, testare, analizzare, migliorare. Chi tratta

il proprio negozio come un vero progetto imprenditoriale, e non come un passatempo, può trasformarlo in una fonte di reddito stabile e duratura.

6.4 – Trading, finanza e investimenti personali

Molti associano il concetto di "guadagnare da casa" al trading. È vero: i mercati finanziari offrono opportunità enormi, ma anche rischi proporzionati. Il problema è che per ogni storia di successo ci sono decine di tentativi falliti. Il trading non è una scorciatoia, è una professione. Chi si avvicina a questo mondo deve prima di tutto **studiare**. Comprendere la logica dei mercati, le dinamiche di rischio, la gestione del capitale e la psicologia dell'investitore. Esistono diverse forme di trading: forex, azioni, criptovalute, indici, opzioni, copy trading, ETF. Ognuna richiede strumenti specifici e un approccio strategico.

Un'altra possibilità più accessibile è l'**investimento a lungo termine**. Costruire un portafoglio di ETF, azioni o fondi e lasciarlo crescere negli anni. Non si tratta di "fare trading", ma di pianificare la propria sicurezza finanziaria nel tempo.
Con il digitale, oggi puoi gestire tutto da casa: aprire conti online, seguire corsi, automatizzare investimenti e monitorare rendimenti in tempo reale. Tuttavia, serve equilibrio: mai investire denaro che non puoi permetterti di perdere.

Per molti, la via intermedia è la **finanza personale consapevole**: imparare a gestire le proprie entrate, risparmiare, creare micro-rendite, ridurre le spese superflue e destinare parte dei guadagni a investimenti sicuri. Anche questa è una forma di "business da casa", perché ogni euro risparmiato o gestito bene è un euro guadagnato.
Il trading e gli investimenti, se affrontati con competenza, possono diventare un tassello importante della libertà economica. Ma vanno trattati come un mestiere, non come un gioco. Chi si forma seriamente e impara a gestire l'emotività ha davanti a sé una delle strade più potenti verso l'indipendenza finanziaria.

Capitolo 7 – Quanto serve per iniziare

7.1 – Investimenti minimi, medi e alti: cosa aspettarsi

Una delle domande più frequenti di chi vuole cominciare a guadagnare da casa è: "Quanto serve per iniziare?". La risposta, sorprendentemente, è che serve meno di quanto pensi — ma più impegno di quanto immagini. Nel digitale, il capitale economico è utile, ma non indispensabile. Il vero capitale è il tempo, la curiosità e la costanza. Tuttavia, per ragionare in modo concreto, possiamo dividere i business da casa in tre fasce d'investimento.

I **business a investimento minimo** (fino a 200 euro) includono attività come il self publishing, i servizi freelance, la scrittura, la traduzione, la consulenza, il blogging o la creazione di contenuti. Ti basta un computer, una connessione e un po' di formazione mirata. Con piattaforme gratuite e tool base, puoi cominciare oggi stesso. Il guadagno crescerà con la tua reputazione.

I **business a investimento medio** (da 200 a 1.000 euro) comprendono la creazione di corsi online, l'affiliate marketing con blog o canali social, il print on demand e alcuni modelli di dropshipping. Qui inizi a spendere qualcosa in strumenti professionali: un dominio, un sito web, software di editing, piccoli budget pubblicitari. È un investimento che rientra rapidamente se lavori con metodo.

Infine, i **business a investimento alto** (oltre 1.000 euro) sono quelli più complessi, come Amazon FBA, trading, gestione di affitti brevi o creazione di agenzie digitali strutturate. In questi casi serve una pianificazione più accurata, perché le spese iniziali possono essere significative. Ma anche il potenziale di guadagno è più alto. Non c'è una categoria migliore in assoluto. C'è quella giusta per te, in base al tuo momento di vita e al tempo che puoi dedicare. Se hai più tempo che denaro, parti da un modello a basso investimento. Se hai un po' di capitale e poca disponibilità oraria, puoi puntare su un modello più automatizzato. L'errore più grande è pensare che servano migliaia di euro per iniziare. In realtà, il digitale premia chi comincia piccolo ma resta costante. Ogni euro investito con intelligenza torna moltiplicato se dietro c'è una strategia chiara.

7.2 – Strumenti indispensabili (hardware, software, connessione)

Il bello del lavoro da casa è che la barriera tecnologica è bassissima. Non servono studi di registrazione, uffici o attrezzature costose. Ti bastano pochi strumenti, scelti bene, per lavorare in modo professionale.

Il primo è ovvio: **un computer affidabile**. Non serve che sia di ultima generazione, ma deve essere stabile, veloce e con una buona connessione. Se lavori con video o grafica, investire in più RAM e in un processore performante può fare la differenza.

Il secondo è una **connessione internet stabile e veloce**. È la tua linfa vitale: con una connessione instabile, ogni attività diventa frustrante. Se la tua zona lo permette, scegli fibra o almeno una connessione con 50 Mbps effettivi.

Il terzo elemento è l'**ambiente di lavoro**. Anche se non è uno strumento in senso tecnico, è fondamentale. Una sedia comoda, una buona illuminazione e un piano d'appoggio ergonomico migliorano concentrazione e salute. Lavorare in condizioni scomode riduce la produttività più di qualsiasi limite tecnico.

Poi vengono i **software e gli strumenti digitali**. A seconda del tipo di business, ti serviranno piattaforme per scrivere, progettare, gestire clienti o pubblicare contenuti. Alcuni esempi utili per tutti:

- **Google Workspace o Notion** per organizzare il lavoro;
- **Canva** per grafiche e design;
- **ChatGPT** o altri strumenti AI per brainstorming e ottimizzazione;
- **Trello o ClickUp** per gestire progetti e scadenze;
- **Zoom, Meet o Loom** per comunicare con clienti e collaboratori.

  La maggior parte di questi strumenti ha versioni gratuite o piani base sufficienti per iniziare. L'importante è non farsi travolgere dalla quantità di opzioni. Scegline pochi, impara a usarli bene e costruisci il tuo flusso di lavoro.

Infine, investi nella **sicurezza digitale**. Usa password forti, autenticazione a due fattori e backup periodici. I tuoi dati, progetti e documenti sono il tuo patrimonio: proteggerli è parte del lavoro.

7.3 – Budget realistico per avviare un business digitale

Molti si scoraggiano prima ancora di iniziare, convinti che servano grandi risorse. Ma il digitale, se affrontato con intelligenza, è uno degli ambienti più accessibili per lanciare un'attività. Per capire come muoverti, è utile costruire un **budget realistico**, anche simbolico, che ti permetta di gestire le spese con serenità. Ecco una possibile suddivisione di riferimento per un piccolo business online nei primi tre mesi:

- **Formazione e corsi**: 20–30%. Imparare è il miglior investimento. Non serve comprare dieci corsi: scegline uno buono e seguilo fino in fondo.
- **Strumenti e software**: 20%. Piani base di piattaforme, domini, hosting, o tool professionali se necessari.
- **Marketing e promozione**: 30%. Un piccolo budget pubblicitario su Meta o Google può accelerare i risultati.
- **Riserva per imprevisti e aggiornamenti**: 20–30%. È normale dover adattare le spese mentre impari. E se parti davvero da zero? Anche con 100 euro puoi iniziare. Ad esempio: dominio (15 euro l'anno), hosting base (30 euro), software gratuito per grafica e scrittura, e formazione gratuita su YouTube o blog. Il resto è tempo, pazienza e determinazione. La cosa più importante è **non spendere troppo all'inizio**. Prima costruisci un minimo di entrate, poi reinvesti. È così che si cresce in modo sostenibile. Infine, ricorda che il capitale più prezioso non è quello economico, ma quello mentale. La maggior parte delle persone non fallisce perché finisce i soldi, ma perché smette di crederci. Se mantieni costanza, impari a gestire le risorse e ti adatti, ogni piccolo investimento diventa la base di qualcosa di molto più grande.

Capitolo 8 – Costruire la propria presenza online

8.1 – Branding personale: diventare riconoscibili

Nel mondo digitale, chiunque può aprire un profilo o un sito. Ma solo pochi riescono a emergere. La differenza non la fa la fortuna, ma il **branding personale**: la capacità di comunicare chi sei, cosa offri e perché qualcuno dovrebbe fidarsi di te.
Il brand personale non è un logo o un colore. È la **percezione** che gli altri hanno di te. È la coerenza con cui ti presenti, i valori che trasmetti, il tono con cui parli e la qualità con cui lavori. Ogni interazione, post o mail contribuisce a costruirlo.

La prima regola è la **chiarezza**. Non puoi essere tutto per tutti. Devi decidere chi vuoi servire e in che modo. Più il tuo messaggio è specifico, più sarà potente. Dire "aiuto le aziende a migliorare la comunicazione online" è generico. Dire "aiuto piccole attività locali a trasformare i loro clienti in una community digitale" è chiaro e memorabile.

La seconda regola è la **coerenza visiva e comunicativa**. Usa sempre lo stesso nome, le stesse tonalità, lo stesso stile di linguaggio. Se sei serio, mantieni un tono professionale; se sei ironico, fallo diventare la tua firma. L'importante è che la tua comunicazione sia autentica e riconoscibile.

Infine, c'è la **reputazione**, la moneta più preziosa del digitale. Si costruisce con il tempo e con la qualità. Ogni progetto completato, recensione positiva, contenuto utile o collaborazione ben riuscita contribuisce alla tua credibilità. E nel mondo online, la credibilità vale più della pubblicità. Un brand personale forte è come una bussola: ti permette di scegliere con chi lavorare, quanto farti pagare e in che direzione crescere. Non serve essere famosi: serve essere riconoscibili nella propria nicchia. Quando qualcuno pensa “mi serve esattamente una persona come te”, hai vinto.

8.2 – Come creare un sito o profilo professionale efficace

Avere una presenza online professionale non significa solo aprire un profilo social. Significa **costruire una casa digitale** dove le persone possano capire chi sei, cosa offri e come contattarti. È il punto di partenza di ogni business moderno.
Il tuo sito o profilo deve rispondere a tre domande fondamentali:

1. Chi sei e cosa fai?
2. Perché dovrei fidarmi di te?
3. Come posso contattarti o acquistare da te?
   Se manca una di queste tre risposte, stai perdendo opportunità.
   Un sito professionale non deve essere complicato. Bastano poche pagine:

- **Homepage** con un messaggio chiaro ("aiuto le persone a...").
- **Chi sono** con una breve storia e i tuoi valori.
- **Servizi o prodotti** con descrizioni concrete e call-to-action.
- **Contatti** o form di prenotazione.
  Puoi costruirlo con WordPress, Wix o Notion, anche gratis. L'importante è che sia chiaro, leggibile e mobile friendly.
  Se non vuoi un sito, un **profilo professionale su LinkedIn o Instagram** può svolgere la stessa funzione, purché curato. Usa una foto reale e di buona qualità, una bio efficace, e aggiorna regolarmente con contenuti coerenti con la tua attività.
  Un dettaglio fondamentale è la **prova sociale**. Le persone si fidano più delle opinioni degli altri che delle tue parole. Inserisci testimonianze, recensioni, numeri o casi reali di successo. Anche solo "più di 30 clienti seguiti in un anno" trasmette professionalità.
  Infine, collega tutto in modo coerente. Il sito deve rimandare ai tuoi social, i social al sito, e la mail a entrambi.

L'obiettivo è creare una rete di fiducia che accompagni le persone dalla scoperta all'azione. Quando la tua presenza online comunica in modo chiaro e coerente, metà del lavoro è già fatto.

8.3 – L'importanza del networking e delle collaborazioni

Nessuno costruisce un business da solo. Anche se lavori da casa, hai bisogno di connessioni. Nel digitale, il **networking** non è solo un modo per trovare clienti, ma un moltiplicatore di opportunità, idee e visibilità. Il networking efficace parte da un principio semplice: **dare prima di chiedere**. Offri valore, condividi risorse, commenta i contenuti di altri, partecipa a discussioni. Le persone si ricordano di chi contribuisce, non di chi cerca solo vantaggi. Un ottimo modo per iniziare è partecipare a **community tematiche**: gruppi Facebook, forum, Slack o Discord dedicati al tuo settore. Lì puoi imparare, confrontarti e farti notare. Col tempo, diventi una voce riconosciuta, e saranno gli altri a cercarti. Le **collaborazioni** sono un'altra leva potentissima. Unisci le forze con chi ha competenze complementari alle tue. Un grafico e un copywriter, un videomaker e un social media manager, un coach e un marketer possono creare insieme progetti che da soli non potrebbero realizzare. Anche le **partnership temporanee** — come webinar, guest post, o podcast condivisi — ampliano la tua rete e ti permettono di raggiungere nuovi pubblici senza investimenti pubblicitari.

Il networking, se fatto con sincerità, non è una strategia di marketing: è un modo di crescere insieme. Più persone ti conoscono, più aumentano le possibilità di collaborazioni, clienti e occasioni inattese.

Lavorare da casa non deve significare lavorare in solitudine. Al contrario, significa scegliere con chi circondarti. Coltiva relazioni genuine, sii generoso nel condividere conoscenze e non temere di chiedere aiuto. Nel mondo digitale, il capitale umano vale quanto — e spesso più — di quello economico.

Capitolo 9 – Automatizzare, scalare, diversificare

9.1 – Come automatizzare le parti ripetitive del lavoro

Chi lavora da casa impara presto che il tempo è la risorsa più preziosa. Ma la maggior parte delle persone lo spreca in attività ripetitive: rispondere alle stesse mail, gestire fatture, aggiornare file, inviare messaggi. Automatizzare questi compiti significa liberare ore ogni settimana e poterle dedicare a ciò che genera valore reale. L'automazione non è riservata ai programmatori. Esistono strumenti accessibili a chiunque: piattaforme come **Zapier**, **Make**, **IFTTT**, **Notion**, **Canva**, **Buffer**, **Mailerlite** o **HubSpot** permettono di collegare app, creare flussi automatici e semplificare la gestione di quasi tutto. Puoi, per esempio, far sì che ogni nuova richiesta via form venga aggiunta automaticamente al tuo CRM, che un'email di ringraziamento parta da sola dopo un acquisto, o che i tuoi post vengano pubblicati su più social contemporaneamente. Un'altra area fondamentale è l'**automazione della comunicazione**. Con strumenti di email marketing puoi creare sequenze automatiche di messaggi che accolgono i nuovi iscritti, raccontano chi sei e presentano i tuoi prodotti nel tempo. In questo modo, anche mentre dormi, il tuo sistema continua a generare contatti e vendite. Automatizzare non significa perdere il tocco umano. Significa usarlo solo dove serve davvero. Ogni ora risparmiata su compiti meccanici può essere reinvestita nella creazione di valore o nello sviluppo di nuove idee.

Un consiglio pratico: non cercare di automatizzare tutto subito. Parti dalle attività più noiose o ripetitive e crea piccole routine automatizzate. Dopo un mese, ti renderai conto che il tuo tempo si è moltiplicato. L'automazione non è un lusso: è una mentalità. Chi impara ad applicarla fin dall'inizio costruisce un business che cresce da solo.

9.2 – Delegare, collaborare e moltiplicare i risultati

Il passo successivo all'automazione è la **delegazione**. Quando inizi a guadagnare, il rischio è rimanere intrappolato nel lavoro operativo: rispondere a clienti, fare contabilità, curare grafiche, correggere testi. È normale all'inizio, ma col tempo diventa un limite. Se vuoi crescere, devi imparare a fidarti degli altri. Delegare non significa perdere controllo, ma **liberare risorse**. Significa smettere di fare tutto e concentrarti sulle attività ad alto impatto: quelle che solo tu puoi fare. Tutto il resto può essere affidato a collaboratori, assistenti virtuali o freelancer specializzati. Le piattaforme per trovare collaboratori sono infinite: Upwork, Fiverr, PeoplePerHour, Freelancer. Puoi esternalizzare quasi qualsiasi cosa, dal montaggio video alla gestione social, dalla scrittura alla contabilità. Il segreto è iniziare piccolo. Prova a delegare una sola attività per un mese. Impara a dare istruzioni chiare, fissare obiettivi e misurare risultati. Se l'esperienza è positiva, estendi la delega a nuovi compiti.
Un altro aspetto cruciale è **costruire un team di fiducia**. Non servono decine di persone: bastano due o tre collaboratori affidabili che condividano la tua visione. Insieme potete produrre di più, più velocemente e con maggiore qualità. Delegare richiede anche un cambiamento mentale: devi passare dal pensare "quanto posso fare io" a "quanto possiamo fare insieme". È così che si passa da lavorare *nel* business a lavorare *sul* business.
Infine, ricorda che ogni ora liberata è un investimento. Più tempo dedichi alla strategia e alla crescita, più il tuo progetto si trasforma da lavoro personale a sistema autosufficiente. La vera libertà non nasce dal fare tutto, ma dal sapere cosa lasciare andare.

9.3 – Diversificare i guadagni per non dipendere da una sola fonte

Il più grande errore di chi lavora online è affidarsi a un'unica fonte di reddito. Basta un cambiamento nell'algoritmo, una piattaforma che chiude o un cliente che smette di pagare per far crollare tutto. La **diversificazione** è l'antidoto a questa fragilità. Diversificare non significa disperdersi, ma creare più flussi di reddito complementari. Se oggi guadagni scrivendo articoli, domani puoi pubblicare un corso sulla scrittura, dopodomani aprire un blog con affiliazioni. Ogni fonte aggiuntiva è una sicurezza in più.

L'ideale è costruire almeno **tre flussi di reddito**:

1. **Uno attivo**, che ti garantisca entrate immediate (servizi, consulenze, freelance).
2. **Uno semi-passivo**, che richieda manutenzione periodica (e-book, corsi, affiliazioni).
3. **Uno a lungo termine**, che cresca nel tempo (investimenti, asset digitali automatizzati).
   In questo modo, anche se una parte rallenta, le altre continuano a sostenerti.
   La diversificazione è anche un esercizio di creatività. Ogni competenza può generare redditi in modi diversi. Un esperto di fitness può offrire lezioni online, scrivere un e-book, creare un programma automatizzato e guadagnare dalle affiliazioni con attrezzature sportive. Tutto parte da un'unica abilità, declinata in più forme.
   Inoltre, diversificare riduce la pressione psicologica. Sapere che non dipendi da un solo cliente o da una piattaforma ti permette di sperimentare e innovare senza paura. E nel digitale, la libertà mentale è la chiave per crescere.
   Infine, pensa alla diversificazione come a una **rete di sicurezza**. Non si costruisce in un giorno, ma passo dopo

passo. Ogni piccolo progetto, ogni nuova entrata, ogni canale aggiunto rafforza la stabilità del tuo sistema. E quando il tuo reddito non dipende più da una sola fonte, hai raggiunto la vera indipendenza: quella che ti permette di scegliere, e non di subire.

Capitolo 10 – Il futuro del lavoro da casa

10.1 – Intelligenza artificiale, automazioni e nuove opportunità

Negli ultimi anni, l'intelligenza artificiale ha rivoluzionato il concetto di lavoro digitale. Gli strumenti basati su AI — da ChatGPT a Midjourney, da Synthesia a Notion AI — hanno reso possibile fare in un'ora ciò che prima richiedeva giorni. Questo non significa che l'uomo sia diventato superfluo, ma che il valore si è spostato: oggi non conta più solo *quanto* lavori, ma *come* utilizzi la tecnologia per amplificare il tuo impatto. L'intelligenza artificiale non ruba posti di lavoro, li trasforma. I professionisti che imparano a usarla diventano più produttivi, più creativi e più competitivi. Un copywriter che sa usare AI per generare bozze rapide o idee, un designer che crea mockup con l'aiuto di generatori grafici, un insegnante che automatizza parte dei suoi corsi — tutti diventano versioni più efficienti di se stessi.
Il futuro del lavoro da casa sarà ibrido: un equilibrio tra creatività umana e automazione tecnologica. L'AI gestirà i compiti ripetitivi, ma la visione, la strategia e l'empatia resteranno esclusivamente umane. Chi saprà unire le due dimensioni sarà in vantaggio. Inoltre, l'AI sta aprendo interi nuovi mercati. Nascono figure professionali come "prompt engineer", "AI content manager", "designer di flussi automatizzati". Allo stesso modo, le aziende cercano sempre più consulenti capaci di integrare AI nei processi quotidiani. Questo è il momento perfetto per imparare a sfruttare queste tecnologie e posizionarti come un ponte tra vecchio e nuovo mondo.
Non serve diventare esperti di programmazione. Serve curiosità e volontà di sperimentare. Inizia da strumenti semplici, esplora, testa, sbaglia. Il futuro del lavoro sarà sempre più fluido, ma chi sa adattarsi avrà sempre un posto. Lavorare da casa con l'AI non sarà più un'eccezione, ma la normalità.

10.2 – Le professioni emergenti del 2030

Ogni rivoluzione economica porta con sé nuove professioni. All'inizio del 2000 nessuno immaginava il ruolo del social media manager o del content creator; oggi sono figure centrali. Allo stesso modo, il 2030 vedrà la nascita di lavori che oggi esistono solo come concetto.
Tra le professioni emergenti più probabili ci sono:

- **Esperti di automazione personale**, che aiutano persone e aziende a ottimizzare il tempo e i processi grazie a software e AI.
- **Consulenti di identità digitale**, professionisti che gestiscono la reputazione e la sicurezza online di privati o brand.
- **Strategist di comunità digitali**, figure ibride tra comunicatore e psicologo, capaci di costruire e mantenere community attive attorno a un marchio o a un progetto.
- **Designer di esperienze immersive**, che lavorano tra realtà virtuale, metaverso e formazione interattiva.
- **Specialisti in sostenibilità digitale**, esperti che studiano l'impatto ambientale e sociale del lavoro online e aiutano le aziende a renderlo più etico.
Oltre a queste figure, ci sarà una crescita enorme nelle professioni "trasversali": freelance che combinano competenze creative, tecnologiche e strategiche. Il futuro non premierà chi sa una sola cosa, ma chi sa **collegare discipline diverse**. Anche il concetto stesso di "azienda" cambierà. Sempre più realtà lavoreranno come **reti di freelance** connessi, ognuno da casa propria ma coordinato da strumenti digitali. Le frontiere geografiche si dissolveranno, e il talento diventerà veramente globale. In questo scenario, l'unica costante sarà l'apprendimento continuo. Chi smette di formarsi si autoesclude. Chi invece

coltiva la curiosità e si adatta al cambiamento non avrà mai paura del futuro.

10.3 – Prepararsi al cambiamento continuo

La caratteristica più affascinante — e allo stesso tempo più destabilizzante — del mondo digitale è la sua velocità. Ciò che oggi funziona, domani potrebbe essere obsoleto. Ma chi impara a convivere con il cambiamento non lo teme più: lo anticipa. Prepararsi al cambiamento significa adottare una mentalità da esploratore. Non cercare "la formula giusta per sempre", ma costruire un modo di pensare flessibile, capace di adattarsi a ogni nuova tecnologia o tendenza. Significa anche accettare che il fallimento non è un inciampo, ma una tappa naturale dell'apprendimento.

Il futuro premierà chi è **proattivo**, non chi reagisce. Chi sperimenta nuovi strumenti, linguaggi o piattaforme prima degli altri ottiene un vantaggio competitivo enorme. Ogni volta che una tecnologia nuova si affaccia — come è successo con l'AI o con il web 3.0 — si aprono finestre temporali in cui pochi pionieri possono ottenere risultati enormi con investimenti minimi. Ma il cambiamento non è solo tecnologico. È anche personale. Lavorare da casa richiede capacità di autogestione, equilibrio mentale e relazioni sane. Non basta aggiornare il software: bisogna aggiornare se stessi. Crea routine che ti permettano di restare lucido e motivato. Dedica tempo ogni settimana all'apprendimento, anche se solo un'ora. Leggi, ascolta podcast, segui corsi, ma soprattutto applica ciò che impari. Il sapere, senza azione, resta sterile. Infine, ricorda che il cambiamento non va "subito": va **guidato**. Se decidi di esserne protagonista, ogni trasformazione diventa un'opportunità. Il futuro del lavoro da casa non appartiene a chi lo osserva, ma a chi lo costruisce ogni giorno, con curiosità e coraggio.

Conclusione – Dal sogno al piano d'azione

Guadagnare da casa non è più un'utopia. È una possibilità reale, concreta, accessibile. Ma, come ogni possibilità, resta tale finché non diventa scelta. E la scelta è tua. Tutto ciò che hai letto finora — dalle competenze ai modelli di business, dalle automazioni al mindset — non serve se non decidi di fare il primo passo.
Il mondo digitale non aspetta nessuno. Ogni giorno nascono nuove piattaforme, nuove nicchie e nuovi bisogni. Le barriere d'ingresso sono basse, ma la concorrenza è alta. Eppure, questa è una buona notizia: significa che la qualità, la costanza e l'autenticità vengono premiate. Chi lavora con serietà costruisce qualcosa di duraturo.
Il primo passo è **scegliere una direzione**. Non serve avere tutto chiaro. Scegli un campo che ti incuriosisce — scrittura, grafica, consulenza, corsi, affiliazioni — e inizia a esplorarlo. Dedica almeno un'ora al giorno a imparare e un'ora ad agire. Anche solo due ore al giorno, per tre mesi, bastano per cambiare il tuo percorso.
Il secondo passo è **definire un obiettivo concreto**. Non "voglio guadagnare online", ma "voglio guadagnare i miei primi 300 euro da casa entro tre mesi". Gli obiettivi misurabili rendono il progresso visibile e ti mantengono motivato.
Il terzo passo è **creare un sistema**. Non vivere alla giornata: struttura una routine. Studia al mattino, produci al pomeriggio, analizza alla sera. Usa strumenti semplici per tenere traccia dei progressi. Nel digitale, la costanza batte sempre l'intensità.
Il quarto passo è **accettare il fallimento come parte del gioco**. Tutti sbagliano, tutti inciampano. L'unica differenza tra chi ce la fa e chi si arrende è la capacità di rialzarsi un giorno prima di mollare.
Infine, il passo più importante: **pensa a lungo termine**. Non cercare scorciatoie. Costruisci qualcosa che possa crescere con te. Le rendite, i clienti, la reputazione, la libertà economica — tutto arriva nel tempo, come risultato dell'impegno quotidiano.
Questo libro è il primo tassello di un percorso. Nei prossimi volumi della collana "Business da casa" troverai guide specifiche per ogni modello di business: self publishing, affiliazioni, corsi online, e-

commerce, trading, consulenze, automazioni e molto altro. Ognuno di questi mondi è un'opportunità. Ma nessuno di essi ha valore se non agisci. Prendi carta e penna, scrivi la tua idea, il tuo primo passo, la tua data di inizio. E poi comincia. Non aspettare di essere pronto: non lo sarai mai del tutto. Ma ogni giorno in cui rimandi è un giorno che qualcun altro utilizza per costruire ciò che tu sogni. Lavorare da casa non è solo una questione di reddito. È una questione di libertà. La libertà di scegliere come vivere, quando lavorare, con chi collaborare e per cosa impegnarsi. È la possibilità di costruire una vita più coerente con chi sei davvero. E se questo libro ti ha aiutato anche solo ad accendere una scintilla, a vedere una strada possibile, allora ha già compiuto il suo scopo. Ora tocca a te trasformare la teoria in pratica, il sogno in progetto, e il progetto in realtà. Il futuro del lavoro è già qui. E inizia, letteralmente, a casa tua.

Risorse utili – Strumenti e piattaforme per iniziare subito

Una delle grandi forze del lavoro digitale è la possibilità di cominciare con strumenti gratuiti o a basso costo. Qui trovi una selezione di piattaforme e risorse affidabili, suddivise per categoria, che possono accompagnarti nei primi passi. Non servono tutte: scegline poche, impara a usarle bene e costruisci il tuo flusso di lavoro personale.

1. Formazione e apprendimento continuo

- **YouTube:** migliaia di canali dedicati a marketing, copywriting, design, finanza e produttività. Inizia cercando tutorial pratici.
- **Coursera** e **edX:** corsi universitari gratuiti (con certificati a pagamento) su marketing digitale, data analysis, AI e business.
- **Udemy** e **Skillshare:** corsi pratici brevi su qualsiasi argomento, spesso a prezzi molto bassi.
- **LinkedIn Learning:** ottimo per corsi professionali riconosciuti e aggiornati, utile per costruire un curriculum solido.
- **Khan Academy:** per chi vuole rinfrescare competenze di base in economia, finanza o matematica applicata.

2. Strumenti di produttività e organizzazione

- **Notion:** piattaforma all-in-one per gestire idee, progetti e contenuti. Puoi usarla come agenda digitale, CRM o diario di progresso.

- **Trello** o **ClickUp:** ideali per pianificare le attività e collaborare con altri in modo visivo e intuitivo.
- **Google Workspace:** tutto ciò che serve per scrivere, archiviare e condividere documenti, oltre a Gmail e Drive.
- **Clockify** o **Toggl Track:** per tenere traccia del tempo lavorativo e migliorare la gestione delle ore produttive.
- **Canva:** lo strumento più semplice per creare grafiche professionali, post, loghi o presentazioni anche senza esperienza.

3. Creazione di contenuti e marketing

- **ChatGPT:** per brainstorming, creazione testi, idee di marketing e automazioni linguistiche.
- **Grammarly** o **LanguageTool:** per migliorare la qualità dei testi e correggere errori in modo rapido.
- **Unsplash** e **Pexels:** banche immagini gratuite per arricchire i tuoi contenuti visivi.
- **Mailerlite, ConvertKit** o **Brevo (ex Sendinblue):** piattaforme per gestire newsletter e automazioni email.
- **Buffer** o **Metricool:** per programmare post sui social e monitorarne le performance.
- **CapCut** o **DaVinci Resolve:** software gratuiti e potenti per montare video di alta qualità senza costi iniziali.

4. Freelancing e ricerca clienti

- **Upwork, Fiverr** e **PeoplePerHour:** le piattaforme più note per offrire servizi freelance in ogni campo.
- **Freelancer.com**: utile per lavori brevi o collaborazioni internazionali.
- **LinkedIn:** fondamentale per costruire credibilità, pubblicare risultati e ricevere contatti diretti.

- **Behance** o **Dribbble:** perfette per grafici, designer e creativi che vogliono mostrare il proprio portfolio.
- **Indeed**, **Remote OK** e **We Work Remotely:** siti che raccolgono offerte di lavoro completamente da remoto.

5. Creazione di business digitali

- **Amazon KDP:** per pubblicare e vendere libri o manuali autoprodotti.
- **Gumroad**, **Payhip** e **Etsy:** per vendere corsi, guide, risorse o prodotti digitali.
- **Shopify**: la piattaforma più completa per avviare un e-commerce.
- **Printful** e **Printify:** per creare e vendere articoli personalizzati in print-on-demand.
- **ClickBank**, **PartnerStack** e **Awin:** network di affiliazione per guadagnare promuovendo prodotti o software.
- **Teachable** e **Podia:** per chi vuole creare e vendere corsi online con semplicità e automazioni integrate.

6. Finanza personale e investimenti

- **Revolut** e **Wise:** conti digitali ideali per chi lavora con clienti internazionali.
- **Moneyfarm** o **Scalable Capital:** piattaforme di investimento automatizzato per chi vuole far crescere i risparmi con rischio controllato.
- **TradingView:** per chi si interessa di trading, ottimo per analizzare grafici e strategie.
- **YNAB (You Need A Budget)** o **Spendee:** app per gestire le finanze personali e creare un piano di risparmio.

7. Automazioni e strumenti AI

- **Zapier** e **Make (ex Integromat):** per collegare diverse app e automatizzare flussi di lavoro.
- **Notion AI**, **Copy.ai**, **Jasper**: per scrivere testi o idee di marketing in modo più veloce.
- **Loom**: per registrare video di spiegazione o presentazioni in pochi minuti.
- **Descript**: strumento innovativo per montare audio e video come fossero testi.
- **Tally.so** o **Typeform:** per creare moduli e questionari online automatizzati.

8. Community e ispirazione

- **Indie Hackers:** comunità di imprenditori digitali che condividono esperienze e strategie.
- **Reddit (r/freelance, r/Entrepreneur, r/SideHustle):** ottimi forum per imparare da chi è già sul campo.
- **Product Hunt:** per scoprire ogni giorno nuovi strumenti digitali e tendenze emergenti.
- **Substack:** piattaforma per creare newsletter indipendenti e costruire una community di lettori paganti.
- **Medium:** per leggere storie, esperienze e consigli su business, produttività e crescita personale.

Come usare queste risorse

Non provare a usarle tutte. Scegline **due per imparare**, **due per produrre** e **una per vendere**. L'obiettivo non è collezionare strumenti, ma farli lavorare per te. Inizia semplice, poi automatizza e ottimizza con il tempo. Ricorda: non serve possedere ogni tecnologia, serve conoscerne il potenziale. La differenza non la fa lo strumento, ma chi lo usa con costanza e visione.

Con queste risorse hai tutto ciò che ti serve per partire davvero. Non ti manca nulla, se non la decisione di iniziare. E da oggi, hai anche la mappa per farlo.

www.ingramcontent.com/pod-product-compliance
Lightning Source LLC
LaVergne TN
LVHW060305051026
849517LV00003B/981
* 9 7 9 8 2 3 2 4 2 5 8 7 6 *